DECLARATION DV ROY, POVR LA deffence du port d'armes.

A TROYES,

Par Pierre Cheuillot, l'Imprimeur ordinaire du Roy.

1610.

Auec priuilege de sa Majesté.

DECLARATION DV ROY, POVR LA DEFFENCE DV PORT darmes.

OVIS PAR LA GRACE DE DIEV ROY DE FRANCE ET DE NAVARRE, a tous ceux qui ces presentes lettres verront, Salut: Comme l'estonnement s'est trouué grand par tout nostre Royaume au premier rapport qui s'est faict en chacunes des parties d'iceluy, d'vn si funeste & deplorable accident que celuy du detestable parricide commis en la per-

ſonne du feu Roi noſtre treſ-hono:
Seigneur & Pere, (que Dieu abſolue
Nous ne faiſons doubte qu'aucun
de nos ſeruiteurs & ſubiects po
leur ſeule conſeruation, ſans aucu
ne autre mauuaiſe intention, ma
auſſi beaucoup d'autres, auec d
pernicieux deſſeins, n'ayent p
les armes, ſe ſoient iettez dans l
Villes & places, & ayent faict d'au
tres actes procedans en ceux là de
crainte & apprehention : & aux au
tres du deſir du trouble & de la di
uiſion qui leur sembloit pouuo
naiſtre de ce forfaict. Mais Dieu e
ayant autrement diſpoſé, & conti
nuant enuers nous le repos de ce
Eſtat, ſa begnigne & fauorable aſ
ſiſtance a tellement vni les cœurs d
tous nos bons ſeruiteurs, & ſubject
ſoubs noſtre auctorite & obeyſſan
ce, qu'aucun d'eux n'a occaſio

maintenant de doubter de sa seureté. Tellement que ceux d'entre eux qui pour leur conseruation (comme dict est) ont prins les armes, ou se sont asseurez de quelques places, ne doiuent en sortes que ce soit retarder de se reduire en leur premiere condition, & ne doit non plus estre permis aux autres plus portez au mal de continuer en leurs mauuais desseins. POVR CES CAVSES & à ce que chacun sçache ce qui est en cela de nostre volonté, & fasse son deuoir d'y obeyr, Nous auons faicts & faisons tres expresses inhibitions & defences à toutes personnes de quelque estat, condition & profession qu'elles soient, de prendre les armes, faire assemblée de gens de guerre de pied ou de cheual, ou autres illicites prohibees & deffenduës par nos Ordonnances.

Comme aussi d'entrer en aucunes Villes, Chasteaux, ou autres places ou maisons fortes à nous appartenans, ou à nos subjects Ecclesiastiques, Nobles ou autres, se saisir, emparer, ou accommoder d'icelles, y loger garnisons, faire fortifications ou deffences, amas d'armes, poudres, viures, ou autres munitions sans commandement & ordre expres de nous ou des Gouuerneurs & nos Lieutenans Generaux au Gouuernement de nos Prouinces de nostre part, & pour nostre seul seruice. Et pour le regard de ceux qui (comme dict e [illegible] dessus) auroient prins les armes, [illegible]ict amas & assemblee de gens de guerre, à pied ou à cheual, ou qui se seroient saisis & emparez d'aucunes desdictes villes, places, Chasteaux ou maisons fortes : NOVS leurs

commandons aussi tres-expresse-ment d'en vuider & sortir, & les re-stablir & restituer en l'estat auquel elles estoient quand ils y sont en-trez, incontinent apres l'aduis qu'ils auront ou leur sera donné de ces pre-sentes, à peine d'estre punis com-me criminels de leze Majesté, in-fracteurs des Edicts de pacificasion & perturbateurs du repos public.
AVONS ordonné & ordonnons à ceste fin estre informé des con-trauentions qui seront cy apres fai-ctes à nosdictes deffences par le premier de nos Iuges trouué sur les lieux, & procedé contre les auteurs & complices d'icelles, incessam-ment à l'instruction, perfection & iugement de leurs procez en sorte que punition exemplaire en soit faicte, qui puisse donner ter-reur à tous autres & retenir cha-

cun en deuoir. SI DONNONS EN MANDEMENT à nos amez & feaux Conseillers les Gens tenans noz Cours de Parlement, Baillifs, Seneschaux, Preuosts, leurs Lieutenans & autres nos Iusticiers & Officiers qu'il appartiendra, que ces presentes ils ayent à faire lire, registrer & publier chacun en l'estenduë de leurs ressorts, Sieges & Iurisdictions, & le contenu faire sçauoir & deuëment signifier incontinent & sans delay, à tous ceux qui ont entrepris ou commis aucunes choses concernans nosdictes deffences & commandemens à ce qu'ils n'en puissent pretendre cause d'ignorance, ou autre excuse d'y satisfaire, les contraignans & tous autres à les garder & executer par les voyes susdictes. Cessans & faisans

sans cesser tous troubles & empes-chemens à ce contraires. MANDONS à cest effect aux Gouuerneurs de nos Prouinces & Villes pour ce que dessus faire, souffrir & obeyr tous ceux qu'il appartiendra & besoin sera, donner la main forte & toute autre ayde, support & assistance qui dependront & seront requis du deuoir & auctorité de leurs charges. Mandons aussi tres-expressement à mesme fin, à tous Preuosts, Generaux & Prouinciaux, ou autres Preuosts de nos tres-chers cousins les Mareschaux de France, Vis-baillifs, Vis-seneschaux & leurs Lieutenans monter à cheual auec leurs compagnies, pour vacquer incessamment chacun en l'estenduë de leurs ressorts, à l'execution des presentes, tenir la campagne libre, asseu-

rer les chemins & courir ſus à to
tes ſortes de perſonnes enrrepr
nans quelque choſes que ce ſo
contre & au preiudice des preſe
tes, des Edicts de pacification,
de la liberté & tranquillité pub
que. Leur enjoignant de quart
en quartier d'enuoyer les proc
verbaux de leur diligences, és ma
de noſtre treſ cher & feal Chanc
lier le ſieur de Sillery, à peine
ſuſpenſion, & ſi beſoin eſt de p
uation de leur gages. CAR
eſt noſtre plaiſir. En teſmoin d
quoy nous auons faict mettre n
ſtre ſeel à ceſdictes preſentes.
Donnees à Paris le vingt-ſeptieſm
iour de May, l'an de grace mil
cens dix. Et de noſtre regne le p
mier.

Signé, LOVIS.

Et ſur le repli eſt eſcrit,

ar le Roy, la Roine Regente ſa
Mere, preſente.

gné, DE LOMENIE.

ſeellee du grand ſeel dudict Sei-
neur de cire jaune, ſur double
ueuë.

encore ſur ledict repli eſt eſcrit
coſté,

Leuës, publiees & regiſtrees oy
ce requerant le Procureur Gene-
l du Roy, & ordonne que cop-
es collationnees ſeront enuoyees
uſdicts Bailliages & Seneſchauſ-
es, pour y eſtre publiees gardees &

obſeruees à la diligence des Sub-ſtituts du Procureur general du Roy, auſquels la Cour enjoinct la certifier auoir ce faict au mois.

A Paris en Parlement le ſeptieſme Iuin, mil ſix cens dix.

Signé, VOYSIN.

LOys Largentier, Cheualier de l'Ordre du Roy, Gentil-homme ordinaire de sa Chambre Baron de Chappelaine, Bailly de Troyes. Au premier Sergent Royal dudict Bailliage sur ce requis, Salut. Nous vous mandons & commettons par ces presentes, que à la requeste du Procureur du Roy audict Bailliage, vous vous trâsportiez és Chastelenies de Pains, Sainct Lié, Marigni, Bourdenay, Trenel, Nogent sur Seine, Pont sur Seine, la Greue, Meri sur Seine, Arcis sur Aube, Isles, Chaource, Chappes, Iuilli le Chastel, Virei sous bar, Chassenay, Fontete, Bligni, Iaulcour, Spoy, Vandœuure, Meuruille, Monstieramai, Coursan, Sautour, Sainct Florentin, Esnon, Ioigni, Cesy, Nulli, Sainct Maurice en Tirouaille, Maligni, Marais, Garchi la Ferté la Loupiere, la Chastellenie de ladicte Ferté en l'ancien Manoir, de la Couldre, Precy, Flacy, Villemort, Sainct Liebaut, Sainct Falle, Bouilly, Ervi le Chastel, Dannemoine, & l'Isle sous Möreal. Et illec publier à haute voix & cri public le contenu cy dessus, & en tous autres lieux, à ce deputez & ordonnez, delaisser copies aux iuges & Officiers desdicts lieux, à la Maniere accoustumee.

Leur enjoignant de le faire publier en leurs Sieges, l'audiance tenãt & par tout ou il appartiendra, afin que nul n'en pretende cause d'ignorance, dont nous certifierez. De ce faire vous donnons pouuoir & commission.

Mandons & commandons à tous Iusticiers & Officiers & subiects du Roy, à vous en ce faisant obeir, prestant confort & ayde, & prison si besoin est. Donné à Troyes le quinziesme iour de Iuin mil six cens dix.

SOMMAIRE DV PRIVILEGE du Roy.

PAr lettres patentes du Roy donnees à Chartres le 5. Mars 1594. signees HENRY, & sur le reply POTIER, & seellees du grand seel en cire jaune. Autres lettres dudict Seigneur, donnees à Paris le 20. dudict mois, 1596. signees par le Roy en son Conseil, LE GRAS, & seelles comme les precedentes. Et Arrest de la Cour de Parlement du 26. Iuillet 1603. signé DV TILLET. Lesdictes lettres & Arrest verifiez & enregistrez en la Cour du Baillage de Troyes, par lesquels l'Estat d'Imprimeur de sa Majesté en ladicte Ville de Troyes a esté donné & octroyé à Pierre Cheuillot, Pour en iouyr aux honneurs, auctoritez prerogatiues, preeminences, franchises, libertez, droicts, fruicts, proficts, reuenus & emoluemens audit Estat appartenans : Et en ladite qualité Imprimer & faire Imprimer sous son nom, vendre & debiter tous Edicts, Ordonnances, lettres patentes Iussions, Declarations, Arrests, Commissions, & autres lettres emanees de sa Majesté, & de ses Cours souueraines, sans qu'autres Imprimeurs, Marchans & Libraires de ladicte Ville & Ressort d'icelle les puissent Imprimer vendre & debiter, si ce n'est du consentement dudit Cheuillot, sur peine de confiscation des Impressions, Presses, caracteres, auec amende de cent cinquāte liures tournois : Pour notification dequoy, & à ce que personne n'en puisse pretendre cause d'ignorance il suffit d'apposer par ledict Cheuillot ledict extraict.

www.ingramcontent.com/pod-product-compliance
Lightning Source LLC
LaVergne TN
LVHW021710230826
846092LV00002BA/949
* 9 7 8 2 3 2 9 3 6 2 1 7 5 *